画说中国革命精神

WEIYEQIHANG
HUASHUO
HONGCHUAN
JINGSHEN

伟业启航
画说
红船精神

邵维正 著

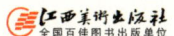
江西美术出版社
全国百佳图书出版单位

图书在版编目（CIP）数据

伟业启航：画说红船精神 / 邵维正著 . -- 南昌：江西美术出版社，2021.5
（画说中国革命精神）
ISBN 978-7-5480-8087-9

Ⅰ. ①伟… Ⅱ. ①邵… Ⅲ. ①中国共产党－党的建设－通俗读物 Ⅳ. ① D26-49

中国版本图书馆 CIP 数据核字 (2021) 第 025910 号

出 品 人	周建森
责任编辑	方　姝　邱　婧
特约编辑	王城伟
书籍设计	梅家强　闵　鹏
责任印制	谭　勋

画 说 中 国 革 命 精 神
伟业启航　画说红船精神

著　者：	邵维正
出　版：	江西美术出版社
地　址：	南昌市子安路 66 号
邮　编：	330025
电　话：	0791-86566309
网　址：	www.jxfinearts.com
经　销：	全国新华书店
印　刷：	浙江海虹彩色印务有限公司
版　次：	2021 年 5 月第 1 版
印　次：	2021 年 5 月第 1 次印刷
开　本：	710mm×1000mm　1 / 16
印　张：	9.25
ISBN	978-7-5480-8087-9
定　价：	58.00 元

本书由江西美术出版社出版。未经出版者书面许可，不得以任何方式抄袭、复制或节录本书的任何部分。（版权所有，侵权必究）
本书法律顾问：江西豫章律师事务所　晏辉律师

开篇

毛泽东:"中国产生了共产党,这是开天辟地的大事变。"

——1949 年 9 月 16 日《唯心历史观的破产》

"人是要有一点精神的,无产阶级的革命精神就是由这里头出来的。"

——1956 年 11 月 15 日《艰苦奋斗是我们的政治本色》

目录
CONTENTS

导言 /001

第一章
开天辟地、敢为人先的首创精神

（一）十月革命炮声隆,世界进入新纪元 /010

（二）五四运动掀巨澜,工人阶级首登台 /015

（三）『北李南陈』秘聚首,共商建党之伟业 /028

（四）开天辟地大事变,中国创建共产党 /033

（五）中共融入世界潮,寒冬赴会莫斯科 /046

（六）首提反帝反封建,照亮革命新航向 /050

2 第二章
坚定理想、百折不挠的奋斗精神

（一）传播真理引路人，五湖四海促觉醒 /054

（二）进步教师陈望道，首译《宣言》苦亦甜 /065

（三）奋斗不息敢作为，身陷囹圄志愈坚 /072

（四）为有牺牲多壮志，凤凰涅槃续芳华 /075

（五）深入工农察民情，不骛虚声求真经 /083

（六）革命理想高于天，奋斗终生意志坚 /088

第三章

立党为公、忠诚为民的奉献精神

（一）打铁必须自身硬，严格纪律增党性 /100

（二）克己奉公忠于党，俯首甘为孺子牛 /102

（三）启迪觉悟为劳工，阶级基础打牢固 /105

（四）最是磨难砺初心，炼就金刚不坏身 /110

（五）工运高潮掀波涛，共产党人勇担当 /115

（六）深入农村搞『农运』，农民有了主心骨 /125

结语 /134

导言

中国共产党的诞生不是偶然的,是近代中国社会矛盾发展和人民革命斗争深入的必然结果。要知道中国产生共产党的真谛,就必须把建党活动摆到中国近现代历史的大背景里加以考察。

众所周知,中国原本是一个大一统的封建帝国,不说盛唐时期,即使到乾隆年间,中国经济总量仍居世界第一,人口占世界的三分之一,对外贸易长期出超。然而,近代以来衰落了。为了挽救民族危机,为了广大民众的觉醒,无数志士仁人甘洒热血写春秋。

1905年12月8日,一位名叫陈天华的中国留学生,站在日本东京大森海湾,向着灾难深重的祖国久久凝望,然后从海边一步步毅然决然走向大海深处,直至身躯被波涛完全吞没。同学们在他留下的遗书里看到这样一段话:"中国去亡之期,极少须有十年。与其死于十年之后,曷若于今日死之,使诸君有所警动。"

陈天华就是以这样一种死亡方式，期望唤醒在封建统治长期压迫下麻木苟活的同胞。

从1840年鸦片战争算起，到陈天华蹈海殉国的1905年，在这66年中，中国如同一只待宰的肥羊，被西方列强肆意瓜分，大规模的侵华战争就达九次之多，中国人民有五分之一的时间是在挨打中度过的。据统计，西方列强强迫中国签订丧权辱国的不平等条约、章程、合同和专条达300多个，侵占中国领土173.9万平方公里，索取战争赔款、赎城费、犒军费以及经济掠夺、战争破坏造成的损失等项，总计约千亿两白银，而当时清政府年财政收入也仅有8000万两白银。

面对严重的民族危机，中国人民不甘被侵略被奴役，在封建统治的重重黑幕里苦苦探索，寻找一条救亡图存的道路。

1851年1月，广东花县（今广州市花都区）农村一位教书先生洪秀全，辗转来到广西，举起了太平天国的义旗，率农民起义军转战千里，席卷18个省，1853年3月占领南京，建立起与清王朝对峙的农民政权，颁布了中国农民运动史上第一个比较完整的土地纲领《天朝田亩制度》，希望建立起一个"有田同耕，有饭同食，有衣同穿，有钱同使，无处不均匀，无人不饱暖"的理想社会，但这种带有空想的绝对平均主义在实践中难以施行。太平天国后期又提出了一个新方案《资政新篇》，这是最早提出的发展资本主义的近代化纲领，同样，在当时客观环境下也难以付诸实践。1864年7月，在中外反动势力的联合绞杀下，轰轰烈烈的太平天国运动被镇压下去了。

清王朝内部的洋务派官僚为挽救风雨飘摇的封建统治，发起了一场"中学为体，西学为用"的洋务运动，企图在维护中国腐朽的封建社会制度下实现"自强，求富"。然而，搞了35年，却最终在1895年的中日甲午战争中输得精光。

中日甲午战争后，帝国主义掀起了瓜分中国的狂潮，加速了中国社会半殖民地化的进程。面对亡国灭种的遭际，1898年以康有为、梁启超、谭嗣同为代表的资产阶级维新派，发动了一场颇具声势的变法维新运动。他们试图按照英、日等资本主义国家的模式，在中国建立君主立宪制的政体。在短短的103天中，维新派通过光绪皇帝发布了100多道诏书、谕令，内容覆盖了许多发展资本主义的措施。然而，这一运动最终被以慈禧太后为代表的封建顽固派所扼杀，谭嗣同等戊戌六君子血洒京城，戊戌变法只不过是昙花一现。中国就这样由一个大一统的帝国，一步步演变为半殖民地半封建的畸形社会。

19世纪末，以孙中山为首的资产阶级革命派开始从事以推翻清王朝专制统治为目标的革命斗争。1894年11月，孙中山在美国檀香山创立了兴中会，第一次响亮地喊出"振兴中华"的口号；1905年孙中山在日本东京成立了资产阶级革命政党——中国同盟会，制定了"驱除鞑虏，恢复中华，创立民国，平均地权"的十六字革命纲领。不久，他又将其概括为以民族、民权、民生为核心内容的"三民主义"革命纲领。从1906年至1911年，孙中山领导革命党人先后在各地组织和发动了十多次武装起义，虽屡遭失败，仍屡挫屡战，前仆后继。1911年10月，武昌起义成功，各省纷纷响应，终于推翻了腐朽的清王朝，建立了中华民国。

1912年1月1日，孙中山在南京就任中华民国第一任临时大总统，标志着中国历史上第一个资产阶级共和国的诞生。至此，延续了268年的清王朝、绵延了2132年的封建帝制终于落下了帷幕，辛亥革命做出了历史性的贡献。但是，由于中外反动势力十分强大，又由于资产阶级革命的不彻底性，使辛亥革命的胜利成果被对外代表帝国主义在华利益、对内代表封建势力的北洋军阀所窃取，中国进入了历时16年的北洋军阀统治时期。随后军阀混战，天下大乱，政治黑暗，生灵涂炭。历史证明，资产阶级共和国方案不可能在帝国主义和地方军阀买办统治下的中国实现，中国仍旧在帝国主义和封建主义的双重压迫之下，内忧外患，民不聊生，社会矛盾不断激化，民族危机日益加深。

"四万万人齐下泪，天涯何处是神州？"路漫漫，雾漫漫，长夜难明赤县天。在救亡图存的斗争屡遭挫折和失败之后，中国的出路究竟在哪里？中国的先进分子沉浸在极度的苦闷和彷徨之中。挣扎在社会底层的亿万民众更渴望有先进的思想、新型的革命政党挽救灾难深重的中华民族，解放水深火热中的人民大众。

十月革命一声炮响，给中国送来马克思列宁主义，中国的先进分子从马列主义科学真理中看到了中国民族解放的曙光。1919年爆发的五四反帝爱国运动，中国工人阶级开始登上了政治舞台，揭开了中国新民主主义革命的序幕。

中国共产党在马克思主义同中国工人运动的结合过程中应运而生。近百年的屈辱，无数次的抗争，中华民族几经磨难，不断探索奋进，终于迎来了用先进理论武装起来的政党，找到了革命的引路人。中国共产党的诞生，是历史的必然，人民的选择。

1921年7月23日，中共一大在上海法租界望志路106号召开。会议后期，因遭巡捕房搜查而转移到浙江嘉兴南湖的一条小船上，中国共产党庄严宣告成立。这条小船因而获得了一个永载中国革命史册的名字——红船。虽然新生的中国共产党，开始还比较弱小，而且处在秘密状态，它却引领着中国革命的航向，预示着中华民族复兴的前程，使中国人民有了可以信赖的战斗指挥部，有了团结奋斗的领导核心，深刻改变了中华民族的前途命运，中国革命的面貌也就焕然一新了。

　　从此，中国共产党扬起红船的风帆，带领中国各族人民，劈波斩浪，战胜一切艰难险阻，取得了新民主主义革命的胜利。接着又乘胜前进，夺取了社会主义革命与建设的胜利，改革开放的伟大成就，进入中国特色社会主义新时代，中华民族迎来了从站起来、富起来到强起来的伟大飞跃。

　　中国共产党在100年奋斗历程中，形势千变万化，目标几经调整，斗争艰难曲折，人物林林总总，唯有革命精神是贯彻始终的，成为共产党的灵魂，也是党的优势。作为一个百年老党、9100多万党员的大党，革命精神遍及各个历史时期，彰显于各个层面，形成强大而又充满活力的精神谱系，红船精神正是这个谱系的源头。

2005年6月，时任浙江省委书记的习近平同志，首次精辟概括并阐释了"红船精神"：

> 开天辟地、敢为人先的首创精神
> 坚定理想、百折不挠的奋斗精神
> 立党为公、忠诚为民的奉献精神

历史车轮滚滚向前，时代潮流浩浩荡荡。今天，中国共产党从当初几十人的秘密小党发展成为世界第一大党。进入新时代，面对新使命，我们要继承和弘扬"红船精神"，不忘初心，牢记使命，顺应百年未有的大变局，在中国和世界进步的历史潮流中，坚定不移地把中国特色社会主义事业不断推向前进，实现中华民族的伟大复兴。

1

第一章
开天辟地、敢为人先的首创精神

"红船精神"昭示我们,在社会发展的进程中,我们不能因循守旧,刻舟求剑,必须勇立潮头,敢为人先,以创新的精神永葆党的生机和活力。

——习近平《弘扬"红船精神"走在时代前列》(人民日报2017年12月1日)

（一）十月革命炮声隆，世界进入新纪元

19世纪末20世纪初，帝国主义国家围绕着争夺世界霸权和殖民地，在欧洲展开激烈的厮杀，上演了人类历史上第一次世界大战的惨剧。战争后期，1917年11月7日（俄历十月），地处欧洲东部边陲的俄国无产阶级在帝国主义的链条上打开了薄弱的一环，取得了俄国十月社会主义革命的胜利。当无产阶级的革命领袖列宁在彼得格勒的斯莫尔尼宫向全俄国庄严宣告：一切权力归苏维埃！就意味着世界上第一个由工人农民当家做主的社会主义国家诞生了。

十月革命的胜利沉重地打击了帝国主义的统治，推动了国际社会主义运动的发展，鼓舞了殖民地半殖民地人民的解放斗争。正如毛泽

《列宁宣布苏维埃政权成立》 弗·谢罗夫 绘

东在 1949 年所说:"十月革命一声炮响,给我们送来了马克思列宁主义。十月革命帮助了全世界的也帮助了中国的先进分子,用无产阶级的宇宙观作为观察国家命运的工具,重新考虑自己的问题。走俄国人的路——这就是结论。"

俄国的十月革命,使中国人在辛亥革命失败后的苦闷彷徨中看到了中华民族自救复兴的曙光。中国的先进知识分子开始抱着殷切的希望认识和研究马克思主义。

1918 年 7 月,北京大学教授李大钊在《新青年》接连发表了《庶民的胜利》《布尔什维主义的胜利》两篇文章,直面十月革命后的世界革命形势,满怀信心与激情地写道:"由今而后,到处所见的,都是布尔什维克战胜的旗。到处所闻的,都是布尔什维克的凯歌声。人道的警钟响了!自由的曙光现了!试看将来的环球,

李大钊在《新青年》第六卷第五号上发表的《我的马克思主义观》

必是赤旗的世界!"

在号召中国人民沿着十月革命道路前进的同时,他进一步深入研究和宣传马克思主义。李大钊把自己主持的《新青年》第六卷第五号编辑为马克思主义研究专号,亲自撰写了《我的马克思主义观》,并刊登《马克思学说》《俄国革命之哲学的基础》等八篇介绍马克思主义的文章。在中国马克思主义传播史上,李大钊成为在神州大地上举起马克思主义大旗的第一人。

《晨钟》 肖培金、赵恩才 绘

（二）五四运动掀巨澜，工人阶级首登台

1918年11月，第一次世界大战结束，德国战败。

1919年1月18日，战胜国在巴黎召开"和平会议"。北洋政府和广州军政府联合组成中国代表团，以战胜国身份参加和会，提出取消列强在华的各项特权，取消日本帝国主义与袁世凯订立的"二十一条"等不平等条约，归还大战期间日本从德国手中夺去的山东各项权利等要求。巴黎和会在帝国主义列强操纵下，不但拒绝中国的要求，而且在巴黎和约中，明文规定把德国在山东的特权，全部转让给日本。

1919年5月初，中国在巴黎和会上外交失败的消息传到国内，古都北京充满着悲愤的情绪。5月3日晚，北京大学一千多名学生和北京十几所学校的代表，在

1915年,中国政府曾经派遣14万华工远赴欧洲支援协约国。这一战略对中国加入协约国参战起到关键作用,为中国争取了战胜国地位

1919年1月,第一次世界大战的27个战胜国在法国巴黎举行"和平会议"。中国虽以战胜国名义参加,但会议却将战败的德国在中国山东的特权转交给日本,图为巴黎和会会场

北大法科礼堂召开紧急会议，报告巴黎和会情况。会场上群情激愤，一位青岛籍学生，当场咬破中指，在白衬衫上写出血书"还我青岛"并高高举起。会上议决次日在天安门举行学界大示威。

5月4日下午1点前后，一场声势浩大的反帝爱国大游行正式拉开帷幕。北京十几所学校的学生三千多人，按照事先的约定从四面八方聚集到天安门前。爱国学生散发传单，手执"还我山东""还我青岛""取消二十一条""诛卖国贼曹汝霖、章宗祥、陆宗舆"等彩色小旗，浩浩荡荡地向东交民巷的使馆区行进。

当学生队伍游行至东交民巷西口，就被使馆区巡警挡住了。游行的学生满腔怒火，转而前往外交部街，后又转向赵家楼胡同的曹汝霖家。曹汝霖在袁世凯时代先后任外交次长和外交总长，

"二十一条"的谈判,他是主事人。4点多钟,游行的学生到达赵家楼胡同,一边高喊:"卖国贼曹汝霖滚出来!"一边砸门。军警们上前阻拦,这时,几个勇敢的学生从曹宅围墙上爬进去,打开大门,学生们一拥而入,到处寻找曹汝霖。当天曹汝霖正在家里与刚刚归国的驻日公使章宗祥谈笑风生,听到学生们闯进来,一下慌了神。情急之下,曹汝霖躲进卧室旁边的箱子间,章宗祥被一个仆人拉着藏进曹家的地下锅炉房。学生们涌进曹宅,不见曹汝霖,就高喊:"卖国贼在哪里?"一些学生喊:"把这个贼窝给烧了,看卖国贼往哪儿躲!"几个学生就卷起一块地毯点着了,又有人从车库找来汽油倒在地毯上,火势越发大了起来。躲在锅炉房里的章宗祥看到浓烟,立刻从地下室里跑了出来,想从后门向外逃。学生们看他身穿西装,误以为是曹汝霖,就高喊:"曹贼在这儿!"一边喊,一边冲上去用小旗、拳头猛打。不

第一章
开天辟地、敢为人先的首创精神

《五四运动》 周令钊 绘

《"五四"先声》 秦文清 绘

一会儿，大批带着武器的军警赶到，学生们大多撤离。最后，军警逮捕了许德珩等32名学生。

为营救被捕同学，5月5日，北京学生举行总罢课，并通电全国，各地学生纷纷罢课响应，同学们的正义斗争获得了各阶层群众的广泛同情，军阀政府不得不在5月6日释放被捕学生。十几所高校的学生们像迎接英雄一样，把32位同学接回了学校。

天津、上海、南京、杭州、重庆、南昌、武汉、长沙、厦门、济南、开封、太原等地学生，在北京各校学生罢课以后，先后宣告罢课，支持北京学生的斗争。

学生的爱国行动，赢得了全社会民众普遍的支持，也引

1919年5月7日起，上海各界约2万人在南市公共体育场举行国民大会，声援北京学生的爱国运动

《五四运动》 滑田友 作

起北洋政府和外国列强的恐慌。从5月25日开始，北洋政府以大总统名义向全国下了一道严厉镇压爱国运动的命令，军警再次开始逮捕爱国学生。学生们对北洋政府的倒行逆施非常愤怒，决定从6月3日起恢复一度中断的街头演讲。6月3日、4日，共有六千多名学生涌向街头，开展大规模的公开演讲活动，先后被反动军警逮捕了八百多名学生。北大校舍被当作临时监狱，学校附近还驻扎着大批军警，戒备森严。军阀政府大肆逮捕爱国学生的消息，迅速传向全国。长城内外，大江南北，爱国运动的浪潮在20多个省份的150多个大中小城市掀动起来。

在全国行动最早、发动最深入、斗争最坚决的是中国

《陈独秀》 张德瑞、王征 绘

产业工人最集中的地区——上海。6月5日，上海的纱厂、商务印书馆的工人全体罢工，6月6日、7日和9日，上海的电车工人、船坞工人、清洁工人、轮船水手也相继罢工，罢工工人总数前后约有六七万人之多。

罢工斗争像野火燎原一般地在全国燃烧起来。沪宁铁路和沪杭铁路工人、京汉铁路长辛店工人、京奉铁路唐山工人、天津人力车夫、杭州工人、九江工人等大小近百个城市的工人先后举行罢工。中国工人开始以独立的姿态、以大规模的行动走上政治舞台，这是中国历史上破天荒的大事。接着，上海形成了全市性工人罢工、学生罢课、商人罢市的"三罢"局面。

这时，五四运动的中心已从北京转到上海，主力也由学生转为工人阶级。

五四运动的广泛性是前所未有的，反帝爱国浪潮推进到全国各地，覆盖了150多个城市。五四运动不仅地域广泛，而且涉及各界人士，社会名流、公务人员甚至军警官兵都以不同方式参与或支持反帝爱国运动。而且，五四运动一开始就得到了海外侨胞和留学生的声援和支持。东京、巴黎、旧金山、秘鲁、古巴等地的侨民都相继组织集会和游行，支持国内人民的斗争。

当五四运动进入关键时刻，在青年中拥有很高声望的陈独秀、李大钊不仅积极号召而且直接投入到反帝爱国的行列中。他们亲自参与拟定《北京市民宣言》，向北京政府提出取消中日密约等五项要求。陈独秀还在城南新世界撒传单时被暗探拘捕，全国各地又掀起营救陈独秀的新浪潮。这个宣言和五四当天学生们起草的《北京学界全体宣言》像两颗重磅炸弹砸向反动当局。

在巴黎和会签字仪式上，中国代表拒绝到会、拒签和约。美国路透社1919年6月28日在巴黎发布的电文报道了这件事

1918年12月，陈独秀、李大钊主编的《每周评论》在北京创办

政局动荡震慑了北洋政府，6月10日，北洋政府迫于压力公开宣布罢免曹汝霖、章宗祥、陆宗舆。卖国贼被罢免后，人们又把关注点集中到《巴黎和约》的签订上。6月17日，北洋政府正式通电巴黎的中国代表团，令中国专使在和约上签字，这件事被报纸披露出来后，立即引起全国震动，全国各界再次涌现出以拒签和约为目标的爱国运动高潮。据《每周评论》报道，巴黎代表团曾收到7000多封来自国内各界要求拒签和约的电报。

6月28日，是《巴黎和约》的签字日。这一天天还没亮，在巴黎的华侨和留学生就包围了中国代表的住所，不准他们前往签字。在全国人民的巨大压力下，中国代表终于拒绝在和约上签字。

这次巴黎和会签字仪式上，中国代表拒绝到会、拒签和约，是一个反抗帝国主义霸权的壮举，中国人民的反帝爱国斗争最终取得了重大胜利。五四运动为中国共产党的创建做了思想上和干部上的准备，揭开了中国共产党创建的序幕。

（三）"北李南陈"秘聚首，共商建党之伟业

李大钊和陈独秀，不仅是新文化运动和五四运动的领军人物，而且是传播马克思主义、组建中国共产党的关键性人物。

《南陈北李，相约建党》 陈坚 绘

1920年2月的一个晚上,北京朝阳门驰出一辆旧式带篷骡车,正在通往天津的土路上缓缓行进。车上坐着李大钊和陈独秀,两个人一边赶路,一边思考,而且在做深入的交谈。

"仲甫,你看我们中国是否也走苏俄的道路,成立苏俄式的政党?"

"好啊。我以前是反对成立为一个阶级服务的政党的。倘若那个时候你要我成立一个新党,我是不干的,现在该考虑了。"

他们在李大钊家乡河北乐亭歇了一宿。在这三天旅途中的充分交谈,成就了中国共产党历史上的一段佳传——"北李南陈,相约建党"。

1920年2月19日,正是"新桃换旧符"的除夕,陈独秀悄然来到上海,秘密筹建共产党。

1920年春，共产国际派出的全权代表维经斯基及其一行人到达北京后，会见了中国共产主义运动的领袖人物李大钊。两人见面交谈很是默契，特别是建立中国共产党组织的共同意愿，与李大钊和陈独秀的想法不谋而合，这使李大钊更是兴奋不已。

维经斯基（1893—1953）

以哪里为中心开展建党活动呢？李大钊向维经斯基介绍说，北京是当时中国北洋军阀盘踞的反动堡垒，没有很发达的工业，工人阶级的队伍不够强大，工人运动尚处在初级阶段。但是，上海是中国最大的工业中心和中国工人阶级最早的集中地，工人运动开展得比较好，特别是从北京去上海的陈独秀，团结了一批倾向共产主义的知识分子，有更好的开展共产主义运动的条件。所以他建议维经斯基到上海找陈独秀进一步商谈在中国创建共产党组织的问题。

1920年5月，带着李大钊的亲笔信函，维经斯基一行到达上海。很快，他们就在法租界环龙路老渔阳里2号陈独秀的住处见了面。陈独秀本有建党的意图,维经斯基的到来,使他喜出望外。他与维经斯基两人一见如故,进行了多次长谈,就中国革命问题充分交换了意见。维经斯基根据在北京和上海的所见所闻,依据苏俄革命的经验,认为组建中国共产党、加入共产国际是中国革命的当务之急,否则就不能取得革命的胜利。同时,他认为中国已经具备了建立共产党的条件,建议陈独秀加快创建中国共产党的步伐。

作为建党的第一步,1920年5月,陈独秀与李汉俊、陈望道、俞秀松、沈雁冰、邵力子、杨明斋等人组织了马克思主义研究会,加紧研究、翻译、宣传马克思主义,并以此为基础,通过讨论社会主义、加紧社会改造的方式展开建党准备。

8月,经过一番酝酿和准备之后,在陈独秀主持下,俞秀松、李汉俊、陈公培等人在上海法租界老渔阳里2号《新青年》编辑

上海《新青年》编辑部旧址,上海老渔阳里2号。1920年8月,在这里成立中国第一个共产党早期组织

《孙中山和李大钊》 吴作人 绘

部开会，成立了中国的第一个共产党早期组织，陈独秀担任书记，点燃了在中国大地上创建共产党的火种。

1920年10月，李大钊、张申府、张国焘三人发起成立北京共产党早期组织，李大钊为负责人。1920年夏至1921年春，随着马克思主义在中国的广泛传播，中国工人运动的蓬勃兴起，作为两者结合产物的中国共产党早期组织，除在上海、北京成立了之外，武汉、长沙、济南、广州以及赴日、旅欧留学生中也相继成立了。

（四）开天辟地大事变，中国创建共产党

1921年6月3日，共产国际代表马林取道欧洲来到上海，与从西伯利亚南下的另一位共产国际代表尼科尔斯基会合。这时，陈

独秀已到孙中山领导的广东省政府担任教育委员会委员长。共产国际两位代表很快与陈独秀离沪期间主持上海党组织工作的李达、李汉俊取得联系，并交换了情况。共产国际代表建议及早召开党的代表大会，宣告中国共产党的正式成立。

中国共产党第一次全国代表大会会址外景

李达、李汉俊在征询陈独秀、李大钊的意见并获得同意后，分别写信给北京、长沙、武汉、广州、济南及日本留学生中的共产党组织，通知他们各派两名代表来上海，出席党的第一次全国代表大会。

1921年7月中下旬，设在法租界白尔路389号（今太仓路127号）的博文女校，住进了一批教师、学生模样的青年人。这群人对外声称是"北京大学师生暑期旅行团"，他们的真实身份是各地共产党组织派来上海参

第一章
开天辟地、敢为人先的首创精神

日出東方

中國共產黨第一次全國代表大會一九二一年七月在上海舉行出席會議的代表有毛澤東董必武陳潭秋何叔衡王盡美鄧恩銘李達李漢俊包惠僧劉仁靜張國燾陳公博周佛海共十三人代表了全國五十多名黨員由于反動派的破坏會議后期轉移到嘉興南湖繼續進行并勝利閉幕莊嚴宣告了中國共產黨正式成立這是開天辟地的大事件尤如日出東方照亮中華大地中國革命從此揭開了新的篇章今天中國共產黨已經走過了八十年的光輝歷程成爲全國執政五十多年擁有六千四百多萬黨員的大黨中國人民已擁有一個欣欣向榮的社會主義祖國這個巨大變化是中華民族發展的一個歷史奇跡

二〇〇一年七月爲中共一大全體代表造像　張谷良于嘉興南湖

《日出东方》　张谷良　绘

加中国共产党成立大会的。因为李达、李汉俊都与这所学校的校长黄绍兰颇熟，时值暑假，学校空着。当黄绍兰听李达夫人王会悟说"北京大学师生暑期旅行团"要借此住宿时，便一口答应下来。博文女校比较隐蔽，距一大会址很近，步行几分钟就能到达。

1921年7月23日，一个中国革命历史上意义深远的日子。在朦胧的夜色中，各地代表先后来到了上海法租界望志路106号（现为兴业路76号）李汉俊的哥哥李书城住宅。

出席会议的13位代表，他们是：上海代表李汉俊、李达；北京代表张国焘、刘仁静；长沙代表毛泽东、何叔衡；武汉代表董必武、陈潭秋；济南代表王尽美、邓恩铭；广州代表陈公博；旅日留学生代表周佛海；陈独秀指派的代表包惠僧。

此外，共产国际代表马林（荷兰人）

1921年7月，中共"一大"在法租界李汉俊兄长寓所召开，图为会场内景

和共产国际远东局书记处兼赤色职工国际代表尼科尔斯基（俄国人）出席了会议。

这13位中国代表代表着全国50多名党员，他们的身份大都是编辑、记者、学生或教师。

作为党的主要创始人的陈独秀和李大钊，当时分别在广州和北京因公务缠身，均未能出席这次大会。尽管"北李南陈"都没有参加一大，但在代表们的心目中，他们仍是党的主要创始人和领袖。

会议开始后，共产国际代表马林、尼科尔斯基热情致辞，由李汉俊、刘仁静即席翻译。马林首先指出：中国共产党的正式成立，具有重大的世界意义，共产国际增添了一个东方支部，苏俄布尔什维克增添了一个东方战友；希望中国同志努力工作，接受共产国际的指导，为全世界无产者联合起来做出自己的应有贡献。尼科尔斯基也做了简短讲话。接着，代表们商讨了会议的任务和议题，一致确定先由各地代表报告本地工作，再讨论并通过党的纲领和今后工作计划，最后选举中央领导机构。

《在党的"一大"会议上》 邱瑞敏、陈逸飞 绘

24日，举行第二次会议，各地代表报告本地区党团组织的状况和工作进程，并交流了经验体会。25、26日休会，起草党的纲领和今后工作计划，主要由张国焘、李汉俊、刘仁静、董必武等参加。27日至29日，连续三天举行会议，主要是讨论党的纲领和今后的实际工作。讨论认真热烈，大家各抒己见，既有统一的认识，又在某些问题上争论不休，会议未做出决定。

30日晚，举行第六次会议，当晚的会议尚未开始，一个身穿灰色长衫的陌生男子，突然闯入李公馆，向室内张望。这个陌生人的突然出现，引起了大家的警觉，当即质问："你是干什么的？"他含糊地回答："我找社联的王主席"，接着又说，"对不起，找错了地方"，就匆忙退了出去。此处附近确实有个社联，但并没有设主席，也没有姓王的人，这更引起大家的怀疑。共产国际代表马林有着丰富的秘密工作经验，当机立断地说："一定是密探！我建议会议立即停止，大家迅速离开！"

代表们离开会场不到一刻钟，法租界巡捕房派出的两辆警车在望志路口停下，车上冲出十多人包围了会场，如临大敌，气氛骤然紧张起来。三名法国警官带领四个中国密探进入室内搜查和盘问，除了查到一些介绍和宣传社会主义的书籍外，并没有发现什么有价值的证据。法籍警官开始询问，李汉俊用法语沉着应对，加之又得知此处房子是李汉俊的哥哥、曾任民国政府陆军总长的李书城将军的公馆，气氛开始有所缓和。法国巡捕骚扰了两个小时才离开这里，但在四周却布下了暗探。有惊无险，幸好代表们撤得快。

为了安全，必须改变开会地点。转移出来的部分代表当晚集中于李达寓所，一致认为一大会议不能继续在上海召开了。在商讨新的会议地点时，在场的李达夫人王会悟提议："我老家桐乡不远的嘉兴有个南湖，不像杭州那样人多热闹，离上海也更近，往返方便，容易隐蔽。在那儿我们可以租船扮作游客，在船上开会既安全又方便。"大家都觉得这个安排比较妥当，当即决定第二天就前往嘉兴南湖继续开会。就这样，王会悟作为具体安排会务的工作人员，成为南湖游船上中共一大召开时唯一一位非代表成员。

于是，代表们分成两批乘车南行，各自买票分散在不同车厢，相互之间装作不认识。国际代表马林和尼科尔斯基，因是外国人，途中难免引人注目，因而未去嘉兴出席会议。陈公博则由于当夜在李汉俊家受了一场虚惊，加上次日黎明时他所住的大东旅馆又发生了情杀案件，一夜之间两起突然事件，吓得他不敢再在上海停留，嘉兴南湖的会议也不参加了，当天就和新婚妻子乘车避走杭州。

8月3日11时许，中共一大最后一天的会议，就在缓缓划行的画舫上开始了。为了会议的安全，代表们带着乐器和麻将牌，并在中舱的桌上备有酒菜，以游山玩水作为掩护。王会悟还装扮成歌女模样，坐在船头遥望，充当会议的"哨兵"。

南湖会议继续着上海30日未能完成的议

《启航》 何红舟、黄发祥 绘

题，先讨论并通过《中国共产党第一个纲领》，这份 15 条约 700 字的简短纲领，是党的第一个正式文献，确定了党的名称为"中国共产党"，提出了发展党员、建立地方和中央机构等组织制度，它兼有党纲和党章的内容。接着讨论并通过《中国共产党第一个决议》，确定了党的奋斗目标、基本政策，对今后党的工作做出安排部署。鉴于党的力量还弱小，《决议》决定以主要精力建立工会组织，集中力量领导工人运动，要求对现有其他政党采取独立政策，并强调与第三国际建立紧密关系。

下午，南湖天气开始转晴。会议接着讨论通过了《中国共产党第一次代表大会的宣言》。由于党处于秘密状态，《宣言》后来并没有公开发表。会议最后选举产生了党的中央领导机构。因党员人数少，暂不成立中央执行委员会，以中央局领导各项工作。大家一致选举陈独秀为中央局书记，并选举了李达为宣传主任，张国焘为组织主任。

下午6时前后，中国共产党第一次全国代表大会宣告闭幕。"让我们再喊一遍口号吧！记得声音要轻一点。"代表们一齐轻声呼喊："中国共产党万岁！"……这呼喊声低沉却铿锵有力，乃至在人类历史的舞台上引起旷远悠长的回响。

由此，中国共产党顺应求民族独立、谋人民解放的历史使命，勇立社会历史发展的潮头，在南湖红船上宣告成立了！

《南湖船上》 孙逊 绘

（五）中共融入世界潮，寒冬赴会莫斯科

1921年秋，中国共产党接到了共产国际邀请参加（原准备在伊尔库茨克召开，后改为莫斯科）远东民族大会的通知，中国共产党对出席此次会议极为重视，即派包惠僧、刘仁静等人到全国各主要城市，按照会议要求秘密物色、选派代表。

1922年1月21日，在巍峨庄严的克里姆林宫斯维尔德洛夫大厅，远东各国共产党和民族革命团体第一次代表大会隆重开幕。出席这次大会的中国代表团由44人组成，其中共产党员14人，还有社会主义青年团代表、国民党代表，以及工人、农民、学生、妇女等革命团体的代表。这是中国共产党成立后第一次派出正式代表参加大型国际会议。

会议在共产国际的直接指导下进行，各国与会代表先后发言，介绍了本国的革命形势和群众运动状况。中国共产党代表张国焘做了关于中国形势的报告，介绍了中国的无产阶级状况、土地关系、农民状况、学生运动和罢工运动等情况。会议依据列宁关于民族殖

民地问题的理论，明确指出：摆在"远东劳动阶级面前的任务，第一件就是谋各被压迫国家的解放"。对中国共产党来说，"当前的第一件事便是把中国从外国的羁轭下解放出来，把督军推倒，土地收归国有，创立一个简单联邦式的民主主义共和国"。强调无产阶级在运动中的特殊作用，即要"在民族革命的运动中做领袖，当栋梁"，并特别强调把中国人口最基本的群众——农民吸引到这场斗争中来的必要性，认为若不唤醒中国革命的主力军——农民，民族的解放是无望的。最后，会议通过了《远东各国共产党和民族革命团体第一次代表大会宣言》。《宣言》深刻揭露了帝国主义华盛顿会议的罪恶图谋，号召远东各被压迫民族在俄国和西方无产阶级的援助下，进行反对帝国主义、封建主义的民族民主革命。

这次大会，列宁因病未能出席，但却始终关心着大会的进行。会议期间，列宁抱病接见了中国共产党代表张国焘、中国国民党代表张秋白和中国铁路工人代表邓培。当他们三人怀着激动的心情来到克里姆林宫列宁办公处的会客室时,列宁立即从隔壁的办公室走过来,和他们一一握手。在亲切的交谈中,张秋白向列宁请教中国革命问题,列宁回答说,他对中国的情形知道得很少,只知道孙中山是中国的革命领袖。他转而询问张秋白:中国国民党和中国共产党是否可以合作?在得到"一定可以很好地合作"的回答后,他又问张国焘,中国共产党和中国国民党是否可以合作,并希望张国焘告诉他一些有关中国的情形。张国焘表示,在中国民族和民主革命中,国共两党应当而且可以密切合作;在两党合作的进程中可能发生若干困难,不过这些困难是可以克服的;中国共产党应当努力促进各反帝国主义的革命势力的团结。列宁听后频频点头,表示满意。临别的时候,列宁紧紧握着邓培的手说:铁路工人运动是很重要的。在俄国革命中,铁路工人起过重大的作用;在未来中国革命中,你们也一定会起同样的或者重大的作用。列宁的亲切接见和对中国革命的宝贵指示,对于中国共产党制定正确的革命纲领具有重要的意义,对于推动中国国民党

1921年8月20日，中国劳动组合书记部机关刊物《劳动周刊》创刊

《列宁与志愿军战士》 伍必端 作

走上与中国共产党合作的革命道路，也产生了积极作用。

年轻的中国共产党首次亮相国际政治舞台，积极将中国革命融入世界无产阶级革命的范围，使中国革命具有了更广阔的舞台，更重大的意义。特别是中国共产党代表团受到列宁的亲切接见和共产国际的有力指导，坚定了理想信念，激发了前进动力，对于认清中国国情和制定中国民主革命纲领，起到引领和促进作用。

（六）首提反帝反封建，照亮革命新航向

1922年5月，中国劳动组合书记部第一次全国劳动大会和中国社会主义青年团第一次全国代表大会在广州召开。会议提出了"打倒帝国主义""打倒军阀"的口号，提出"我们面前的敌人是很多的，国际帝国主义和本国军阀也是我们的敌人""铲除武人政治和国际帝国主义的压迫"。在党指导下召开的这两次大会提出的口号，表明党认识到了中国现阶段革命的对象不是资产阶级，而是国际帝国主义和国内封建军阀，标志着党对民主革命的认识进入了新的阶段。

1922年6月15日，中共中央公开发表了著名的《中国共产党对于时局的主张》。这是中国共产党在军阀高压统治、帝国主义强权横行的社会环境里，第一次就中国民主革命的重大问题，向社会各界公开自己的政治主张，是需要巨大的革命勇气的。这也是党运用马克思列宁主义分析中国社会状况、解决中国革命问题的新起点。

中共二大会址上海南成都路辅德里625号

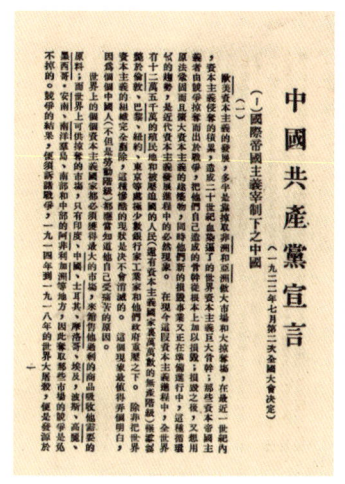

中共二大通过的《中国共产党宣言》

1922年7月16日至23日,中国共产党第二次全国代表大会在上海召开。在中共二大上传达了远东会议精神,根据列宁关于民族与殖民地问题的学说,分析了国际形势和中国社会政治经济状况,党对帝国主义的认识前进了一大步。大会讨论了党的任务,通过了《中国共产党第二次全国代表大会宣言》《中国共产党章程》和9个决议案。大会决定出版党的中央机关刊物《向导》周报,以宣传党的政策。最后选举产生了党的中央执行委员会,陈独秀、邓中夏、张国焘、蔡和森、高君宇为中央执行委员会委员,陈独秀被选为中央执行委员会委员长,蔡和森、张国焘分别负责党的宣传和组织工作。至此,中国共产党第二次全国代表大会完成了预定的议事日程,胜利闭幕。

党的二大的核心议题和重要贡献,在于在中国人民面前第一次明确提出了反对帝国主义和反对封建主义的民主革命纲领,以及建立民主联合阵线的主张。

2

第二章
坚定理想、百折不挠的奋斗精神

只有奋斗的人生才称得上幸福的人生。奋斗是艰辛的，艰难困苦，玉汝于成，没有艰辛就不是真正的奋斗，我们要勇于在艰苦奋斗中净化灵魂、磨砺意志、坚定信念。奋斗是长期的，前人栽树、后人乘凉，伟大事业需要几代人、十几代人、几十代人持续奋斗。奋斗是曲折的，"为有牺牲多壮志，敢教日月换新天"，要奋斗就会有牺牲，我们要始终发扬大无畏精神和无私奉献精神。奋斗者是精神最富足的人，也是最懂得幸福、最享受幸福的人。

——习近平在2018年春节团拜会上的讲话（2018年2月14日）

（一）传播真理引路人，五湖四海促觉醒

1919年5月5日，是世界共产主义运动的创始人卡尔·马克思诞辰101周年纪念，而这一天恰逢中国五四运动的浪潮正风起云涌。北京《晨报》副刊在李大钊的指导下，从5月5日至11月11日开辟了"马克思研究"专栏。这一大胆的创举，前后持续了半年，产生了重大的社会影响。

1920年3月，北京大学的进步师生发起成立了中国第一个马克思学说研究会。研究会的宗旨是"以研究关于马克思派的著述为目的"，这是中国最早研究马克思主义的革命团体之一。

由于李大钊在中国最先传播十月革命和马克思主义，加之他在五四运动中所起的卓越引领作用，在北京的知识界特别是在青年中有着很高的威望，李大钊理所当然地成为北京研究和学习马克思主义的带头人。

为了适应建党的需要，加强对外的社会主义宣传，上海早期党组织决定从1920年9月1日出版的第8卷1号起，

《马克思潜心写作〈资本论〉》 孙立新 绘

《伟大友谊》 李晓林 绘

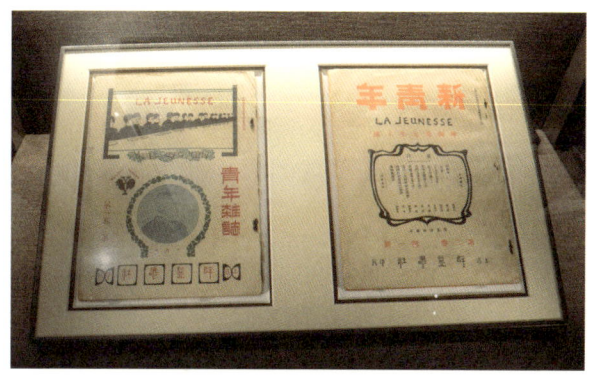

陈独秀创办的《新青年》杂志

把《新青年》改为上海党组织的机关刊物,成为党的公开理论刊物,由李汉俊、陈望道主编。《新青年》特辟一个"俄罗斯研究"专栏,登载那时可能得到的材料,帮助倾向社会主义的先进分子了解苏俄的真实情形。

1920年,上海早期党组织特意选择在11月7日十月革命纪念日,创办了半公开的、政治性很强的《共产党》理论月刊,李达任主编。《共产党》月刊着重刊登马克思、列宁重要著作的片断或节译,介绍马克思主义建党学说、有关共产党的知识、俄国十月革命经验、共产国际和俄国共产党的情况，也发表一些探讨中国革命的文章，受到共产主义拥护者的广泛好评。

这份新面世的刊物，发行量达 5000 份之多，在当时的月刊中印数应该说是很高的了，并通过各种渠道撒播全国，成为各地党组织的重要理论读物，为筹建中国共产党起到了很大的作用。

为了让人们了解纯粹的马克思主义学说，上海党组织还以"社会主义研究社"的名义，出版了系列《社会主义小丛书》。其中有陈望道、李汉俊、李达、李季、恽代英等先进知识分子翻译的马克思主义学说的原著。

在上海、北京党组织的推动下，各地早期党组织也开展了形式多样的建党理论宣传工作。

上海共产党早期组织的机关刊物《共产党》

1923年汝仲文创办的《晨钟报》报头的印模

《湖南共产主义小组》 周树桥 绘

武汉党组织建立后,继续加强马克思主义的传播,把"马克思学说研究会"作为公开活动的团体。

济南党组织成立后,创办了《晨钟报》,从主编到编辑全是共产党员,由王翔千任总编辑,王尽美经常撰写社论。《晨钟报》深受人民群众的欢迎,也引起了反动当局的注意,多次勒令停止发行,甚至阻止报童叫卖。面对当局的压制,王尽美、邓恩铭、王翔千等夜晚编印报纸,白天送邮发行,有时亲自上街出售,前后坚持了两年多时间。

广州党组织成立后,以《群报》为党的机关报,并强调了宣传马克思主义的方针,新增一些专栏,有"评论""杂著""马克思研究""特别记载""工人消息""留法通讯"等等。有关马克

《激扬文字》 鸥洋、杨之光 绘

第二章
坚定理想、百折不挠的奋斗精神

《湘江评论》印刷处旧址

1919年7月14日，第一期《湘江评论》破啼出世

思和列宁的传记、俄国共产党的历史、第三国际的文件，都曾在报上连续刊载，报纸办得生动活泼。

1921年2月，由沈玄庐主编的《劳动与妇女》在广州出版。这是陈独秀等在广东扩大马克思主义宣传的一项重要工作，其目的是要把广大劳动妇女也发动起来、组织起来，依靠集体力量去谋自身的解放。

广州党组织还发起成立了"马克思主义研究会"，会员约有80人，陈独秀从省教育委员会拨出经费支持。这些会员经训练以后，就分派到基层去广泛宣讲。

毛泽东在湖南长沙创办《湘江评论》，成立"俄罗斯研究会"。长沙党组织成立后，俄罗斯研究会的活动有了进一步的开展，经常举办演讲会、讨论会，大力宣传社会主义在苏俄所取得的成就。

旅法共产党早期组织建立后，利用欧洲

的便利条件，大量收集、阅读和介绍马克思主义著作，介绍共产党的知识，多方面了解国际工人运动的状况和经验，在旅法的中国学生和劳工中开展革命宣传工作。另外，中共旅欧党组织专门成立了"马克思主义研究会"，先后创办了《少年》《赤光》刊物。1924年《少年》专刊改为《赤光》半月刊，周恩来任主编，在宣传马克思主义的同时，更加强了党的纲领的宣传。邓小平、李富春都参加过《赤光》的编辑和撰稿工作。

早期党组织及其成员所做的宣传工作，为我们党初创时期的理论建设做了奠基性工作。

在法国巴黎出版的《少年》和《赤光》月刊

（二）进步教师陈望道，首译《宣言》苦亦甜

随着马克思主义在中国的传播，人们迫切期待读到马克思的原著。马克思主义众多著作中，马克思、恩格斯合著的《共产党宣言》是开山之作，最有标志性和指导性，中文全译本就从这里启动。

正如李达回忆所说："当时马克思、恩格斯的著作很少翻过来，我们只是从日文上看到一些。中国接受马克思主义得自日本的帮助很大，这是因为中国没人翻译，资产阶级学者根本不翻译，而我们的人又都翻不了。"

1920年初，当上海党组织将翻译《共产党宣言》全文提上日程并讨论人选时，《民国日报·觉悟》主编邵力子说："能承担此任者，非杭州的陈望道莫属。"

陈望道，1891年1月18日出生于一个农民家庭，1915年赴日本留学，在日本期间，

陈望道（1891—1977）

陈望道结识了日本著名进步学者、早期社会主义者河上肇、山川均等人，对马克思主义理论有了一定的了解。

1919年五四运动爆发后，陈望道返回祖国。同年6月，他任教于杭州的浙江第一师范学校教授语文课，与进步师生一起积极投身于五四新文化运动。不久，即遭到迫害，反动当局责令校长将他革职查办。此令受到一师校长和全校师生的坚决反对。反动当局随即出动警察包围学校，从而酿成了著名的浙江"一师风潮"。这一风潮得到全国声援，最终迫使反动当局收回成命。

因为陈望道留学日本期间阅读过进步学者译介的马克思主义著作，还精通英文，国文素养也很好，而且在轰动全国的"一师风潮"中成为受到当时先进知识分子群体所关注的风云人物。正因如此，这项光荣的任务就历史性地落到了陈望道的肩上。

1920年早春，身在杭州的陈望道，收到了上海《星期评论》杂志社发来的全文翻译《共

《星期评论》是当时宣传马克思主义社会主义的重要刊物

第二章
坚定理想、百折不挠的奋斗精神

《陈望道翻译共产党宣言》　张峻明　绘

产党宣言》的邀约，既意外，又感到兴奋。不久后他收到了翻译底本——上海寄来的日文版《共产党宣言》。这时他因为支持一师进步学生闹学潮，被迫离开学校，就带着日文版的《共产党宣言》回到家乡。陈望道为了借助多种文本准确翻译，专门托陈独秀通过李大钊从北京大学图书馆借了一本英文版《共产党宣言》做参照。

陈望道回家时已经临近春节，为了不被拜年的客人打扰，冒着寒冷，躲进自家老屋旁的柴房里。陈望道废寝忘食地投入到翻译工作中，经常在油灯下工作到深夜。马克思深邃的思想和激情澎湃的语言震撼着他，外面的世界似乎已经完全与他隔绝了。

母亲包了粽子并附上一碟红糖，端来放在桌上，心疼地叮嘱儿子趁热吃。放下粽子仍不放心的母亲在屋外喊："红糖够不够，要不要我再给你添些？"正忙着翻译的儿子应声答道:"够甜,够甜了!"谁知,过了一会儿,当母亲进来收拾碗筷时,却发现儿子的嘴角满是墨汁,红糖一点儿没动。母子二人相视大笑。原来,儿子竟然是蘸着墨汁吃掉粽子的!

1920年4月,《共产党宣言》翻译完成。当年8月,在陈独秀的帮助下,《共产党宣言》单行本正式出版,很快风靡革命青年和知识分子群体。第一版共千余册立即销售一空,同年9月又应读者要求再版。有学者做过统计,到1926年,《共产党宣言》已印刷十七次,累计数十万册,在北伐军队中据说人手一册。

因为《共产党宣言》中译本正式出版,陈望道由此获得了"传播《共产党宣言》千秋巨笔"的美誉。

《共产党宣言》单行本出版后,陈望道给鲁迅寄了他的译作,鲁迅当天就饶有兴趣地读起来,并对家人说:"现在大家都议论什么'过激主义'来了,但就没有人切切实实地把这个'主义'真正介绍到国内来。其实这倒是当前最紧要的工作。望道在杭州大闹一阵之后,这次埋头苦干,把这本书译出来,对中国做了一件大好事。"

毛泽东在1936年接受美国记者斯诺采访时说,"有三本书特别深刻地铭记在我的心中,建立起我对马克思主义的信仰"。毛泽东所说的三本书就是陈望道翻译的《共产党宣言》、考茨基的《阶级斗争》和柯卡普的《社会主义史》。

1920年社会主义研究社印行陈望道翻译的《共产党宣言》

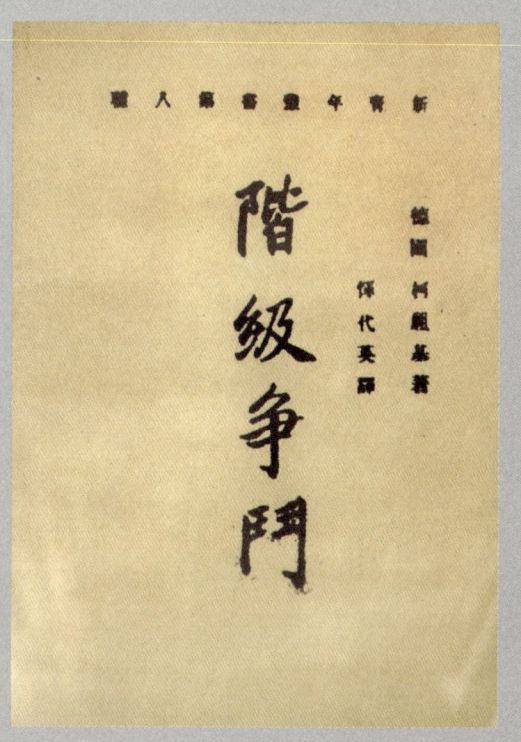 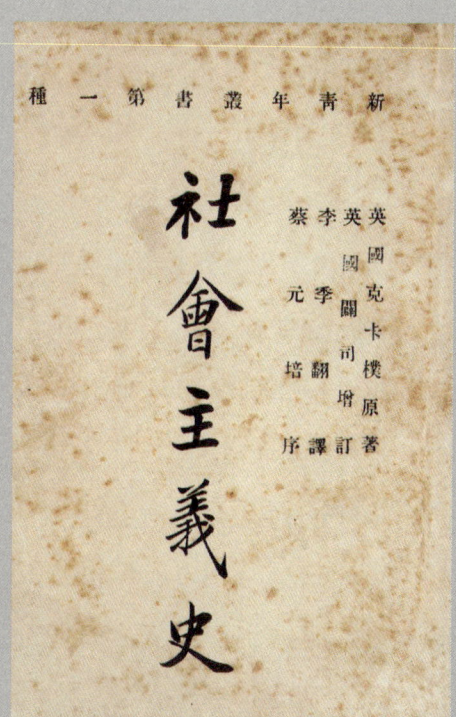

考茨基《阶级斗争》　　　　　　　　　1920年新青年社印行 李季翻译 蔡元培作序的《社会主义史》

（三）奋斗不息敢作为，身陷囹圄志愈坚

1919年5月8日，五四运动爆发后，北京大学校长蔡元培为抗议政府逮捕学生，提交了辞呈，并于9日晨秘密离开北京。早已在新文化运动中脱颖而出、时人皆知的陈独秀、李大钊等，被北洋军阀政府重点监视。在此情况下，陈独秀在上海的好友觉得他"在京必多危险，函电促其南下"。他气愤地回答说："我脑筋惨痛已极，极盼政府早日捉我下监处死，不欲生存于此恶浊之社会也。"

6月3日、4日，北京学生上街演说，军警疯狂抓捕学生多达800多人，临时就近关押在北京大学的校舍里。一时间，全国最高学府变成了拘留所。对北洋政府的野蛮行径，陈独秀非常愤慨。他于6月8日在《每周评论》发表了《研究室与监狱》一文："世界文明发源地有二：一是科学研究室，一是监狱。我们青年要立志出了研究室就入监狱，出了监狱就入研究室，这才是人生最高尚优美的生活。从这两处发生

的文明,才是真文明,才是有生命有价值的文明。"

就在《研究室与监狱》一文发表的当天,他与李大钊等人商量后,起草了《北京市民宣言》。《宣言》提出了取消中日密约的五点要求。

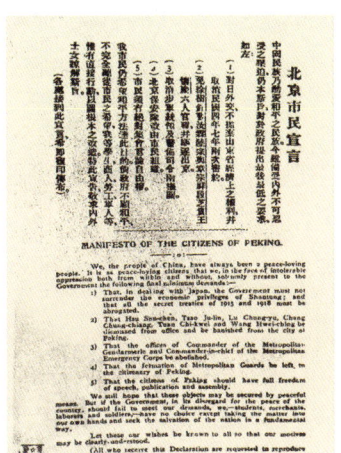

1919年,陈独秀亲自起草并散发的《北京市民宣言》传单

《宣言》印好后,陈独秀亲自去公园、茶座等地散发。6月11日下午,陈独秀去新世界商场散发《宣言》传单,在屋顶花园,看到下一层露台上正放映露天电影,于是趁夜暗把传单从上面撒下去。不料,身着白帽西装的陈独秀被便衣暗探发现,当即被拘捕。

12日,北洋政府逮捕陈独秀的消息,传遍了京城,也迅速传遍全国,进而引起了一场轩然大波。全国各界人士对陈独秀被捕事件表示极大的关注,北京学界分别致函"警察总监"和通电上海新闻界、教育界,呼吁对"提倡近代思潮最力之人"设法进行营救。

与此同时，国内其他社会团体以及社会知名人士如胡适、章士钊、岑春煊乃至孙中山等人，也以各种形式声援和营救陈独秀。身在上海的孙中山在会见北京政府的代表许世英时说："独秀我没见过，……你们做的好事，很足以使国民相信我反对你们是不错的证据。""你们也不敢"杀死他。"他们这些人死了一个，就会增加五十、一百，你们尽做着吧！"许世英连忙说："不该，不该，我就打电报回去。"

1919年9月16日，在被关押98天后，陈独秀被释放了出来。为庆祝陈独秀出狱，北大同学会当天召开了欢迎会，《新青年》第6卷第6号上发表了李大钊写作的白话诗《欢迎独秀出狱》："你今出狱了，我们很欢喜！他们的强权和威力，终竟战不胜真理。什么监狱什么死，都不能屈服了你；因为你拥护真理，所以真理拥护你。"

（四）为有牺牲多壮志，凤凰涅槃续芳华

1926年3月12日，日本军舰掩护奉系军阀两艘军舰驶入天津大沽口，炮轰冯玉祥的国民军，国民军奋起还击。16日，恼羞成怒的日本帝国主义，纠合英、美、法、意、荷、比、西班牙等国公使，向北洋政府发出"最后通牒"，要求国民军撤去大沽口防御设施。同时，在大沽海面集结了20多艘军舰，对北洋政府实行武力威胁。这一行径激起中国人民的极大愤慨。

3月18日，中共北方区委等60多个团体与80多所学校共约五千多人在天安门举行大会，揭露帝国主义的侵略罪行。大会结束后，李大钊率领游行队伍，到段祺瑞执政府门前广场请愿。军警开枪扫射示威群众，造成当

"三一八"惨案之一

"三一八"惨案之二

"三一八"惨案之三

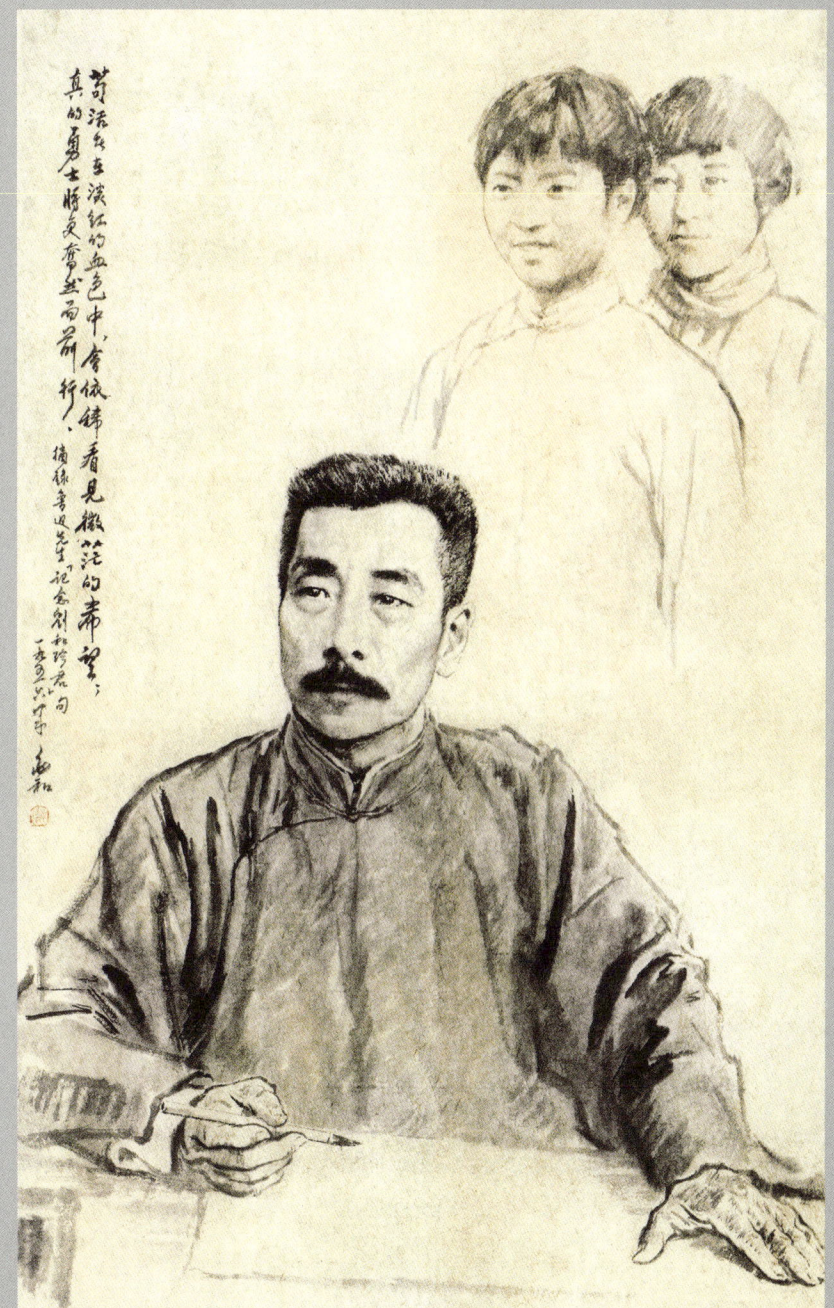

《纪念刘和珍君》 蒋兆和 绘

场死亡47人、伤200多人的"三一八"惨案。面对反动政府的血腥镇压，头部和双手受伤的李大钊为了使革命群众减少损失，不顾个人安危，指挥示威群众疏散，直到绝大部分群众脱离险境为止。

鲁迅称这一天为"民国以来最黑暗的一天"。

3月19日，段祺瑞执政府对李大钊等5人发出通缉令。李大钊等人接受了苏联同志的建议，于"三一八"惨案两天后，将国共两党在北京的领导机关迁入位于东交民巷苏联大使馆西院的旧俄兵营内。4月，奉系军阀张作霖的军队开进北京，白色恐怖更加严重。不久，国共两党大部分中坚力量相继离京、调往南方。中共中央致信李大钊，要他和罗章龙前往武汉，党内外许多同志和朋友也劝李大钊暂时离开北京。李大钊却说："我不能走，我

《不屈的共产党人之一——李大钊》 冯兆平 作

《生命的光华——李大钊》 官晓滨 绘

走了，北京的事谁来做？"他安排罗章龙去武汉，自己带着部分同志和一家老小留守北京。

1927年4月6日，李大钊被军阀张作霖逮捕。消息传出，举国震惊，中共党组织、工人群众、知识分子和各界进步人士千方百计进行营救。北方铁路工人计划劫狱营救李大钊，这个计划通过党组织传到狱中后，李大钊感谢同志们对他的爱护，但他看出当时完全没有实现这个计划的可能，他不愿工人同志做无谓的牺牲，使革命力量再遭受损失，因此不同意这个行动。党组织接受了李大钊的意见，取消了劫狱计划。当党组织把李大钊的意见转告给铁路工人的时候，工人们都为自己领袖的高尚品德而感动得落泪。

李大钊被捕后，奉系军阀对他进行了多次审讯。李大钊在狱中共22天，面对敌人的轮番审讯、威胁和利诱，他始终大义凛然，坚贞不屈，没有一句有损中国共产党的荣誉、有损革命利益的"供词"，也没有向敌人泄露中国共产党的任何机密。在狱中的最后时刻，他绝笔写道："钊自束发受书，即矢志努力于民族解放之事业，实践其所信，励行其所知，为功为罪，所不暇计。"

1927年4月28日下午2时，李大钊第一个缓步登上绞刑台，神色未变，从容就义。李大钊牺牲时，年龄尚未满38岁。同时遇害的还有其他19位同志。

20位烈士英勇牺牲的噩耗传出，全党为之哀悼。党的机关报《向导》发表悼念文章，称李大钊是"最勇敢的战士"，他的名字将为中国人民"牢记不忘"。

（五）深入工农察民情，不骛虚声求真经

中国共产党人的务实精神，在青年毛泽东身上有着生动的体现。

在洞察国内外政治风云变幻的同时，毛泽东也很重视对中国社会状况的实地考察，他主张"实意做事，真心求学"，认为"闭门求学，其学无用，欲从天下国家、万事万物而学之"。1917年暑期，毛泽东邀约当时已从一师毕业、在楚怡小学教书的萧子升，各带一把雨伞，一个挂包，装着简单的换洗衣物和文房四宝外出"游学"。湖南俗称"游学"为"打秋风"，指穷读书人靠做点诗、写几个字，送给乡里的土财主，换几个钱糊口。他们没带分文，历时一个多月，步行九百多里，游历了长沙、宁乡、安化、益阳、沅江5个县的不少乡镇。途中，他们结交农民、船工、财主、县长、老翰林、

《毛委员与安源矿工》 侯一民 绘

第二章
坚定理想、百折不挠的奋斗精神

赴法勤工俭学：湘湖青年立志改造中国与世界

劝学所所长、寺庙方丈等各色人等，写了大量笔记。第二年春天，他又和蔡和森沿洞庭湖南岸和东岸各县，游历了半个多月，还将沿途见闻感想，写成通讯寄给《湖南通俗教育报》发表。这些社会调查也是他后来重视调查研究的一个起源。

1918年夏天，毛泽东从湖南第一师范学校毕业。恰在此时，法国到中国招募华工。蔡元培等在北京组织华法教育会，掀起赴法勤工俭学运动。得到消息后，毛泽东、蔡和森等同学觉得这是一条出路，便发动新民学会会员赴法勤工俭学。8月19日，毛泽东到达北京，便积极拟制计划，四处奔走协调，筹措经费，其间为获得生活来源，经杨昌济教授介绍，到北京大学图书馆当了一名助理员。1919年3月，毛泽东离京回湖南，途中转道上海送别蔡和森、萧子升等赴法勤工俭学。作为湖南青年赴法的组织者，毛泽东自己却没有迈出国门。他在致周世钊的信中说："吾人如果要在现今的世界稍为尽一点力，当然脱不开'中国'这个地盘。关于这地盘内的情形，似不可不加以实地的调查及研究。这层功夫，如果留在出洋回来的时候做，因人事及生活的关系，恐怕有些困难。不如在现在做了。"

1921年10月，湖南党支部成立后，担任书记的毛泽东着手在工人和学生中发展党员，建立党的基层组织。为了接近工人，他脱下长衫，换上粗布短褂，赤脚穿了草鞋，到第一纱厂、电灯公司、造币厂、黑冶炼厂等工人聚集的地方去，同他们做朋友，吸收一些先进分子入党。这年冬天，安源路矿一些工人写信给中国劳动组合书记部，请求派人到安源帮助指导，书记部派毛泽东前往。他先后两次到安源，下到又黑又脏的煤井，同工人交朋友，了解他们的疾苦，告诉工人们应该团结起来争取自己的利益。正是因为有了认真细致、脚踏实地的考察了解，毛泽东后来成功领导发动了安源路矿工人大罢工。

（六）革命理想高于天，奋斗终生意志坚

革命的道路不是一帆风顺的，在那个艰苦卓绝、九死一生的革命年代，信仰的选择，是道路的选择，也是生命的抉择；中共一大的13位出席者也不例外，他们从同一个起跑线上出发，后来的人生道路

《何叔衡》 孙韬 绘

《邓恩铭》 张庆涛 绘

却截然不同,各有所终。他们中有不忘初心,为共产主义崇高理想英勇献身者,例如何叔衡、邓恩铭、陈潭秋、王尽美等,他们的业绩光照千秋;也有走向反动,叛党投敌,成为国民党特务的张国焘,有卖国求荣,沦为汉奸的陈公博、周佛海,成为遗臭万年的民族罪人。

何叔衡是参加一大代表中最年长者,是一位前清秀才。一大闭幕后,他和毛泽东回到长沙,重建湖南党组织并积极开展革命工作。后来,随着革命形势的发展,他转道香港到达瑞金。在苏区,因同王明"左"倾路线做坚决的斗争,被撤销所有职务。第五次反"围剿"失败后,中央被迫撤离根据地。苏区"五老"中林伯渠、董必武、徐特立和谢觉哉都被批准随红军主力转移,唯独没有批准他。1935年2月24日,何叔衡、瞿秋白等一批中央领导人在转移途中与敌人遭遇,壮烈牺牲。

一大代表中唯一的一位少数民族就是邓恩铭。邓恩铭出生在贵州省荔波县一个水族家庭,1918年考入济南省立第一中学。五四运动爆发后,成为著名的学生领袖。一大后,接受组织委派,领导山东省的工人运动。1925年被捕,后经组织营救,保外就医。1928年再次被捕入狱,在狱中两次组织越狱,均遭失败。1931年英勇就义。新中国成立后,山东省人民政府曾多次查找烈士的遗骨,但因多年战乱,一直没有找到。他也是一大代表中唯一"青山处处埋忠骨"的革命英烈。

陈潭秋出席一大时是武汉小组的负责人。在革命征程中,有五位亲人为中国革命献出了宝贵的生命,他曾被追捕过,入过狱,还多次与死神擦肩而过。1934年红军长征后,留在

陈潭秋（1896—1943）

《王尽美》 李长文 绘

南方坚持游击战争。1939年5月，陈潭秋参加共产国际第七次代表大会后，返回延安途中在新疆停留，被中央委以与"新疆王"盛世才建立统一战线的重任。1942年，盛世才捏造"共党阴谋暴动"罪名，将陈潭秋等人逮捕入狱，并引诱其在"脱党声明"上签字，遭陈拒绝。1943年9月27日深夜，陈潭秋被秘密杀害，时年47岁。陈潭秋牺牲后，中央一直没有得到准确消息，两年后召开党的七大时，他还被选为中央委员。

王尽美参加一大时还是学生，会议期间将旧名王烬梅改为王尽美，其意是为创造尽善尽美的世界奋斗终生。1922年到上海参加党的二大，会后被留在中央负责领导工人运动。先后领导山海关、秦皇岛等地的工人罢工斗争，并为开滦五矿总同盟罢工指挥部成员之一。

从 1923 年至 1925 年 5 月，王尽美担任山东省委书记，1925 年 2 月抱病组织青岛国民会议促成会，参与领导胶济铁路工人大罢工。因长期积劳成疾。1925 年 8 月 19 日病逝。身后只留下两个分别为 8 岁、4 岁的幼子。

不仅是那些为革命牺牲的党的一大代表"革命理想高于天"，老一辈无产阶级革命家更是为革命奋斗终生矢志不渝。

朱德元帅年轻时放弃高官厚禄、远涉重洋参加共产党的经历，更是感人至深。他原在云南反袁护国大将军蔡锷麾下担任团长，因为护国战争立下卓著功勋，不久被晋升为少将旅长。后目睹西南军阀混战，他感到茫然、苦闷和徘徨。中国的出路在哪里？

1917 年的俄国十月革命和 1919 年的五四运动之后，介绍十月革命、宣传马克思主义与革命新思潮的报刊和社团纷纷涌现。朱德经好友孙炳文的介绍，也开始阅读《新青年》等进步书刊，探求解决社会问题的道路。他开始认识到西南军阀和北洋军阀并没有本

在德国柏林的朱德

《朱德在抗日前线》 张文新 绘

质的不同，用一派军阀打另一派军阀，并不能达到救国的目的。他感到应当学习俄国的新式革命理论和革命方法，来从头进行革命。1920年底，朱德随驻川的滇军回到云南，推翻了唐继尧的统治，暂时出任了云南陆军宪兵司令、云南省警察厅长。这时，他的生活比较安定、富裕，薪俸很高。但是，寻求救国真理的念头时时萦绕在他的心怀。他决心抛弃高官厚禄，去寻找革命的真理。1922年3月，朱德离开昆明，踏上了征程。

朱德离开昆明到达重庆，四川军阀杨森想拉他入伙，答应让他当师长，朱德拒不接受。这时，他听到中国共产党在上海成立的消息，便乘船顺流而下到达上海，没有找到党的关系，就来北京找好友孙炳文，想通过他的介绍找到党。孙炳文陪同朱德重返上海，会见了孙中山。孙中山建议朱德再回云南，重整旗鼓，或去美国考察。朱德回答说："社会主义运动正在欧洲兴起，我要去马克思的故乡德国。"

他们又一起去上海的闸北区，找到了陈独秀，朱德郑重地提出了入党的要求。陈独秀没有立即答应朱德的入党要求，这是因为党还不了解朱德，朱德也不了解党，需要有个相互了解的过程。当时，中共对吸收党员的规定很严，显然，刚从旧军队过来的朱德与此尚有一段距离。朱德并不气馁，决定去欧洲考察。

1922年9月，朱德和孙炳文乘坐轮船离开上海到了法国。法国有许多中国的勤工俭学的留学生，他们是在五四爱国运动以后，到法国来学习马克思主义和各种社会主义学说的。朱德和孙炳文打听到中国共产党旅欧总支部的负责人叫周恩来，当时不在法国而在德国柏林，在那里组织旅德支部，他俩又急匆匆地赶往柏林。

1922年11月下旬的一天，朱德和孙炳文叩开了周恩来在柏林住处的大门。朱德向周恩来说明自己的身世和来历，述说寻找中国共产党的经过，并恳切地提出了入党的请求。听完朱德的叙说，周恩来深为他不计个人禄位，不畏艰难险阻，为解救民族与人民的苦难而忘我奋斗的精神感动。在随后的六天里，周恩来与朱德、孙炳文进行了深入的交流。周恩来又与中共旅欧总支部另一负责人张申府研究，并征得党组织的同意，终于决定吸收朱德和孙炳文为中国共产党党员，加入党的柏林支部。同时，为了有利于革命事业，决定朱德的党籍对外保密。因为在当时的环境下，党很难接受一个像朱德这样曾在旧军队身居高位的人公开入党，如果他公开入党，在群众中可能产生不良的影响。同时也考虑到朱德的党籍对外保密，更有利于革命事业的发展。

  从此，在中国共产党党员的名册上，又增添了一个光辉的名字——朱德；从此，朱德走上新的革命旅程，把自己的全部精力和才能毫无保留地献给了共产主义事业，直到生命的最后一刻。

3

第三章
立党为公、忠诚为民的奉献精神

> 大家心中要始终装着老百姓,先天下之忧而忧,后天下之乐而乐,做到不谋私利、克己奉公。对个人的名誉、地位、利益,要想得透、看得淡,自觉打掉心里的小算盘。要着力解决好人民最关心最直接最现实的利益问题,特别是要下大气力解决好人民不满意的问题,多做雪中送炭的事情。

——习近平《做焦裕禄式的县委书记》
（2015年1月12日）

（一）打铁必须自身硬，严格纪律增党性

1922年7月党的二大以后，中国共产党成为共产国际的一个支部，按照共产国际的要求，更加重视党的纪律建设。大会通过的《中国共产党章程》是党成立后的第一个党章，专门设立了"纪律"一章。

我们党不仅是在党章中规定严格的纪律，更是在实际行动中严肃执行纪律。1922年，陈炯明炮轰总统府，中共中央决定联孙反陈，并要求广州党组织断绝与陈炯明的联系。但当时任广东区委负责人的陈公博，因与陈炯明有私交，拒不执行中央决定。对此，中共中央给予严厉批评，并派张太雷到广州做他的工作。但陈公博仍不改正，还给陈独秀写了一封信，宣称"今后独立行动，不受党的约束"。不久，又在广州党的组织会上宣布"我不再履行党的任务"，自此脱离了共产党。鉴于他的这种违纪行为，1923年，中共中央按照党章规定给其留党察看处分，稍后又将其开除出党。陈公博也就成为我们所知第一个被开除出党的共产党员。

创建不久的中国共产党还强调，要使党员通过党

《陈延年》 李长文 绘

内严格的组织生活训练，对党忠诚、严守纪律、保持气节；对不认真履行党员义务和不参加组织生活的党员，坚决予以组织处理和纪律处分。一大代表周佛海，在党的一大后，继续赴日修学，周佛海在研究马克思主义理论时走入误区，认为中国实行共产主义革命实在"时机尚早"；在人生观上，奉行"大志不能充饥，理想不能御寒"的庸俗哲学。回国之后，周佛海"人在曹营心在汉"，逐渐成为"不交纳党费、不参加党的活动、散布不满情绪"的"三不党员"。组织观念淡薄，对过组织生活高兴就参加，不高兴就不参加，不参加事先也不请假。1924年，时任中共两广区委书记的陈延年听了关于周佛海一事的汇报后指出："是党员必须过组织生活！党员不论地位高低，都要照党章办事，非有特别事故，不准请假……不要以为周佛海是教授，就不敢批评他，他有缺点就应该批评，这不是小事情。"后来，周佛海由于罔顾党组织规定，被开除出党。

（二）克己奉公忠于党，俯首甘为孺子牛

建党初期，党组织不断发展，李大钊主持党的全面工作，北京共产党早期组织创办工人刊物《劳动音》，租赁校舍开办长辛店工人夜校，以致经费紧张，李大钊便每个月从自己的薪金中拿出三分之一，急需时甚至三分之二作为党的活动经费。当时他在北京大学当教授的薪金为每月120元，有时把全部工资的三分之二交给了党，自己和家人过着清贫的生活。此外，他还经常资助那些贫困学生。

1936年6月时任中共中央党校校长的董必武

李富春与夫人蔡畅

李大钊的清正廉洁更是有目共睹。国共合作后，李大钊既是当时中国共产党北方主要领导人，又是国民党北方领袖，革命活动经费多经李大钊之手，当时国民党拨款经费达数万元之多，且可

自行开支。李大钊从不乱花一分一文，也从未挪作他用。在被捕以后，他还对自己经手款项的出处都做了详细的说明。据他《狱中自述》所记述，"历次汇款，无论由何银行汇来，钊皆用李鼎丞名义汇存之于远东银行，以为提取之便"。他牺牲后，遗体下葬、棺椁衣裳都是朋友帮助提供的。

1920年，上海共产党早期组织创办了《共产党》月刊，《共产党》月刊的编辑部就设在了李达和王会悟的新房里。出版《共产党》月刊，经费十分困难，李达就把自己写的稿子卖给商务印书馆，以稿酬来充当办刊经费。办刊物人手少，工作紧张，李达担当了从写稿到发行的全部工作，同时还要为上海党组织的成员讲授马克思主义课程，编写讲义。

董必武是中国共产党的创始人之一，但他从来没有摆过"老资格"。相反，每时每刻他都严格要求自己，在日常生活如吃喝穿等小事上，显示了一位革命长者儒雅而自我要求极严的道德约束力。1937年国共第二次合作后，董必武到八路军驻武汉办事处做党的统战工作。到了武汉，要换换装，要打扮成国民党统治区的绅士模样。董必武是党的领导人，要同社会各界打交道，要找各民主党派的领导人谈话、做工作，有时还要与外国使者、记者谈话，按理应该穿戴得像样些。当时，比较好的礼帽要10元一顶，但董必武特意吩咐工作人员，只能买一顶3元钱的礼帽，一双最普通的皮鞋。当然，这也只是装装样子，迎送客人时穿戴一下而已。

董必武在处理千头万绪工作的同时，对办事处机关的伙食开支严格管理和监督，他要求办伙食的同志既要想尽办法改善领导和同志们的伙食，又决不能乱花一分钱。有一个月，在月底伙食费结算时，账面上有六角钱的开支平不了。为此，董必武十分自责，他执意在机关大会上做了检查，并亲自向党中央写了检讨信。

旅法勤工俭学的李富春曾说过："在法国勤工俭学时，我是开火车的，白天作工，晚上学习，每天赚了钱，除生活费以外，其他都交给党组织做活动经费了。回国后，从事党的秘密工作，不仅有生命危险，而且常常是中午吃饭，还不知道晚上能不能有饭吃。"

（三）启迪觉悟为劳工，阶级基础打牢固

李大钊在为庆祝第一次世界大战胜利所做的演说和所写的评论中一再强调："今后世界的人人都成了庶民，也

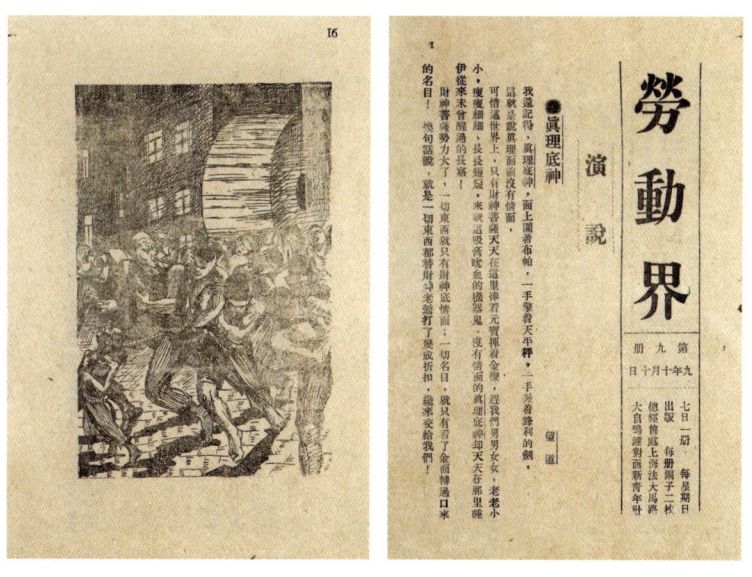

1920年8月15日，上海共产党早期组织发起的《劳动界》周刊正式面世

就都成了工人","今后的世界,变成劳工的世界""赤色旗到处翻飞,劳工会纷纷成立""这般滔滔滚滚的潮流,实非现在资本家的政府所能防遏得住的"。随着十月革命和马克思主义在中国的传播,李大钊的认识更进了一步。他指出:"无论何人,应该认识民众势力的伟大;在民众本身,尤应自觉其权威而毅然以张用之。""民众的势力,是现代社会上一切构造的唯一的基础。"

《晨报》1919年5月1日"劳动节纪念"专号

1919年5月1日,在李大钊的指导下,北京《晨报》副刊出了一期"劳动节纪念"专号,这是中国报纸第一次纪念五一劳动节。李大钊撰文指出:五一劳动节"是世界工人的唯一武器——'直接行动'造成的日子"!

1920年8月15日,上海共产党早期组织发起的《劳动界》周刊正式面世。《劳动界》是党领导下的第一个工人刊物,是党对工人进行宣传和组织工作的主要方式之一。这个以工人为对象的刊物,开辟了演说、时事、调查、通讯、国内劳动界、国外劳动界、读者投稿、小说、趣闻等

《问苍茫大地谁主沉浮》 陈衍宁 绘

专栏,深入浅出地向工人传播革命道理。

《劳动界》不断登载国内外劳动界的现状,特别是工人阶级反抗和罢工的消息,曾连续报道了上海、南昌、苏州、无锡、杭州、广州、九江、唐山等地工人罢工斗争的情况和经验教训,也报道了英国、法国、美国、德国、意大利等国工人罢工的消息,激励广大工人团结起来开展有组织的斗争。

广州共产党早期组织于同年10月3日也创办了《劳动者》;北京共产党早期组织于11月7日创办了《劳动音》。邓中夏用"心美"笔名发表了《劳动音》发刊词,说明了《劳动音》的办刊宗旨:"阐明真理,增进一般劳动同胞的知识;研究方法,以指导一般劳动同胞。"

1920年春,上海码头工人发起的"船务栈房工界联合会"召开成立大会。从北京到上海不久的陈独秀,亲自出席这个工人群众组织的会议,并且在大会上发表了题为《劳动者的觉悟》的演说。

邓中夏(1894—1933)

《新青年》曾发表了一个社会调查表，列出向工农群众调查的细目。由此，在中国社会出现了空前的生动局面：一批先进知识分子自动脱下学生装，穿上粗布衣，深入工厂车间或工人住处，从事劳工现状的社会调查，热情地向工人宣传马克思主义的革命道理。1920年1月，北京一些年轻的先进知识分子到人力车工人居住区进行调查，工人的悲惨生活状况，使他们大为震惊。

邓中夏等具有初步共产主义觉悟的知识分子和一部分青年学生，一面到工人中去，接近劳动群众；一面在李大钊帮助下，组织起来实行"工读互助"。他们在北京东城根附近的达教胡同建立了一个叫"曦园"的组织，一面读书，一面从事一般性体力劳动，实行"有饭大家吃"、出门不坐车（当时北京还没有公共汽车，坐车是坐人力车）等，努力改变旧知识分子那种衣来伸手、饭来张口、四体不勤的习惯和轻视劳动的思想。"马克思学说研究会"的大部分成员参加了这个组织。最初，他们只有二三十人，后来发展到四十多人。这一行动大约坚持了一年之久。在当时曾经引起了社会舆论的关注，并有一部分青年学生起而仿效。

1920年4月，邓中夏等率领北大平民教育讲演团，由原先主要在城市讲演，扩大到去长辛店铁路工人中进行宣传。

（四）最是磨难砺初心，炼就金刚不坏身

对于个人品德修养，早期先进分子在建党活动之前已经十分重视日常养成。1918年，为了规范教职员工和学生的道德行为，净化社会风气，北大校长蔡元培在1月19日出版的第49号《北京大学日刊》上，刊登了《北大进德会旨趣书》，在列举了社会和教育界腐败现象，如买官卖官、赌博嫖娼、挥霍公款后，提出增进个人道德质量、改良社会风气的号召："私德不修，祸及社会。吾人既为社会之一分子，分子之腐败，不能无影响于全体。"刚来北大担任图书馆主任的李大钊第一批报名入会。

《北大钟声》 沈嘉蔚 绘

历史巧合的是，也是在 1918 年，毛泽东与蔡和森、何叔衡等于 4 月 14 日在岳麓山脚下的刘家台子正式成立了新民学会。经过讨论，通过了会章，以"新民"为会名，以"革新学术，砥砺品行，改良人心风俗"为宗旨，会章还规定了几条纪律："一、不虚伪；二、不懒惰；三、不浪费；四、不赌博；五、不狎妓。"新民学会的会员讨论最多的问题，是"如何使个人及人类的生活向上"。关于这方面，在毛泽东向美国著名记者斯诺口述而成、1937 年 11 月由上海复旦大学文摘社出版的《毛泽东自传》中，曾载有这样一个有趣的故事："渐渐地我在我的四周建立了一群青年，这样造成了日后一个团体的核心，后来这个团体对于中国的革命运动和国事有极大的影响。这是一群严肃的青年，他们没有时间去讨论琐细的事情。他们所说的和所做的每一件事都得有一个宗旨。他们没有时间谈恋爱或'罗曼史'，他们以为在国家如此危急，如此急迫需要知识的时候，

1937 年夏，徐特立在延安

是不能讨论女人或私事的……我的同伴连日常生活中的琐事都不谈的。"

1919年7月前后，26岁的毛泽东全力投入《湘江评论》的编辑工作。预约的稿子常不能收齐，他只好代笔补白。正是酷暑时节，蚊叮虫咬，毛泽东总是挥汗疾书，常常忙到半夜。一个多月内，毛泽东竟为《湘江评论》写了40篇文章。文章写好了，他还要自己编辑，自己排版，自己校对，有时还得亲自上街叫卖。而此时，他的生活异常艰苦。修业小学发给他的薪水除吃饭外就没有剩余，他的行李只有旧蚊帐、旧被套、旧竹席，身上的灰布长衫和白布裤穿得也很破旧。

毛泽东在第一师范求学五年半，只花了家里160块银元，而且大部分用于订阅报纸以及购买书刊了，同学们称赞他"身无分文，心忧天下"。

徐特立在湖南任教二十年，爱生如子。他任师范学校校长时，将自己的月薪与校内主任、庶务等同样定为20元，还经常接济穷学生。

了解到田汉入学时买不起蚊帐，徐特立便买了一顶相送。而他却把自己的家小安排在乡下，以节省开支。逢假日回家，他要步行往返80公里。一次查夜时，他发现有新生烂脚呻吟，便亲自打水给他洗脚上药。此事传出后，一些教师认为太失校长"身份"，学生却对他更为敬仰。他到第一师范任课时，支持毛泽东等学生反对校长专横的活动。毛泽东曾说过，当时最敬佩的两位老师，一位是杨昌济先生，一位是徐老。

1937年抗战爆发后，徐特立以八路军驻湘代表身份从延安返回长沙，徐特立终日身穿八路军粗布军装，撑一把雨伞，徒步在城中奔走，不识者多以为是军中老伙夫。一次，省主席张治中约谈，徐特立走到省政府门口，门卫拦住说："今天张主席会见八路军代表，别人免进。"徐特立称自己便是，门卫打量了一番，全然不信，竟把他轰走。张治中久等不至，派人再去八路军办事处相请，得知原委后，对比国共两党作风，对共产党更为钦佩。

（五）工运高潮掀波涛，共产党人勇担当

党的一大之后，工人阶级的政治觉悟和组织程度明显提高，罢工斗争蓬勃兴起。1922年1月至1923年2月，全国共发生罢工一百多次，参加罢工的工人达到30万人以上，持续时间达13个月之久，形成了中国工人运动的第一次高潮。

1922年1月12日，震惊中外的香港海员大罢工首掀怒涛，标志着中国第一次工人运动高潮的到来。在香港的中国海员长期生活在英国的殖民统治下，惨遭

1922年，香港海员大罢工

资本家、包工头的剥削和种族歧视，工时长、劳动强度大、工资少、工资待遇不及白人海员的五分之一。1921年3月，共产党人苏兆征、林伟民等人，在香港组织成立了"中华海员工会联合总会"。1922年1月12日，在第三次向资方提出增加工资的要求被无理拒绝后，香港中国海员忍无可忍，在海员工会联合总会的组织领导下，开始举行大罢工。

罢工海员回到广州，受到市民欢迎。

中国共产党极为关注和重视香港海员的罢工斗争，中共广东支部在罢工开始后不久，即发表了《敬告罢工海员》的传单，表示全力支持他们的罢工斗争。党还通过中国劳动组合书记部进行了大量的支援工作，一面派中国劳动组合书记部负责人李启汉专程到香港、广州慰问罢工海员；一面发动各地工人声援香港海员的正义斗争，京奉、京汉、京绥、陇海、正太等铁路工人发起组织"香港海员罢工北方后援会"，十余万工人声援香港海员。

3月4日，数千名罢工工人徒步经沙田返回广州，港英军警竟向手无寸铁的工人开枪扫射，当即打死6人，打伤工人一批，造成震惊中外的"沙田惨案"。英帝国主义的暴行，激起了广大工人、商人、职员和市民的强烈义愤，总同盟罢工继续扩大，生产停顿，华人离职，香港变成了"臭港""死港"。

港英当局和轮船资本家迫于形势，不得不向工人屈服，被迫答应了海员工人的基本要求。

香港海员大罢工，历时56天之后，宣告胜利结束，有力地打击了帝国主义者的气焰，推动了中国工人运动的发展。

安源路矿是德国、日本资本控制的汉冶萍公司的一部分，共有工人1.7万人。矿工们的劳动条件异常恶劣，生活十分悲惨。1921年秋冬，中共湖南支部书记毛泽东曾两次到安源调查工人的疾苦。1922年2月，中共安源支部成立，李立三任书记；5月，安源路矿工人俱乐部成立，李立三被推选为俱乐部主任。到7月间，党员已经发展到10余人。9月初，毛泽东第五次来到安源。当时，资本家请萍乡县（今萍乡市）署正式布告查封俱乐部。路矿当局一连三月拖欠工人工资，工人生活陷入绝境。毛泽东在调查了解情况后认为，罢工的条件已经成熟，便安排李立三领导罢工斗争。接着，又派刘少奇赴安源协助李立三发动和领导罢工。1922年9月14日，经过充分准备，安源路矿工人举行大罢工。俱乐部发表《萍乡安源路矿工人罢工宣言》，提出保障工人权利、增加工资、改善待遇、发清欠饷、废除封建把头制等13项要求。这次罢工迅速得到全国各地工会的积极声援和社会舆论的广泛支持。安源路矿当局极为恐慌，玩弄各种阴谋诡计对罢工进行破坏，甚至悬赏银洋，密遣暗探，阴谋刺杀李立三。工人们得知这一情况后，加强戒备予以保护，使路矿当局的阴谋无法得逞。刘少奇作为工人代表，置生死于度外，孤身一人深入虎穴，与路矿当局进行谈判，迫使他们答应了工人提出的13项要求。18日早晨，双方在罢工条件上签字，罢工取得了完全的胜利。

当天,工人俱乐部举行了罢工胜利庆祝大会和游行。罢工的胜利,提高了共产党在工人群众中的威信,扩大了党的影响。这次罢工,以"未伤一人,未败一事"而取得完全胜利,是中国工人运动史上的一次壮举。

安源路矿大罢工刚刚落下帷幕,北方地区规模最大、最有影响的开滦五矿大罢工爆发了。开滦煤矿公司由唐山、赵各庄、林西、马家沟、唐家庄五矿组合而成,是当时中国规模最大和最早采用新式技术开采的煤矿,矿工共约4万人,名义上是中英合办,实际上完全由英帝国主义者控制。就是在这样一个设备比较先进的煤矿里,矿工们却过着人间地狱般的生活:工资很低,每天要劳动16个小时以上,工作环境恶劣,矿井缺乏起码的安全设施,以致塌顶、起火、中毒、瓦斯爆炸等事故频发。

1922年9月间,开滦五矿先后成立工会。10月16日,在开滦五矿工人联合会的组织下,8位矿工代表,向矿务局递交请愿书,提出增加工资、

第三章
立党为公、
忠诚为民的奉献精神

121

《刘少奇与安源矿工》 侯一民 绘

改善待遇等6项要求,遭到矿务局的无理拒绝。10月19日,在中国劳动组合书记部和中共唐山地委的领导下,成立了罢工领导机构——开滦五矿同盟罢工委员会,委员会由共产党人罗章龙、王尽美、邓培等人,以及各矿工人代表20多人组成。10月23日,五矿同盟大罢工,一场声势浩大的反帝大罢工在开滦煤矿全面爆发了。

矿务局勾结军阀政府,急调军警三千多人实行武力镇压。英帝国主义派出康克斯来复枪队参与镇压。反动军警悍然向罢工工人开枪,打死打伤工人60多人,造成流血惨案。警察搜查了五矿工人俱乐部,查封了工会,罢工领导人有的被逮捕,有的

开滦五矿工人大罢工时使用的旗帜

受到监视。但工人们毫不惧怕中外反动派的联合镇压,开滦矿务局在罢工斗争的巨大压力下,终于放弃强硬手段,宣布给月工资低于百元以下的工人增资 10%,罢工期间发给 7 日工资。此后,各矿工人陆续复工。

开滦五矿大罢工虽然没有达到预期目的,但再次显示了工人阶级的力量,在国内外产生了重大影响。

1923 年 2 月 1 日,京汉铁路工人在郑州举行京汉铁路总工会成立大会,遭到直系军阀吴佩孚的阻拦和武力破坏。4 日,总工会决定京汉铁路全体总罢工。大罢工直接触犯了帝国主义利益,各国驻北京公使团召开紧急会议,要求北京政府立即用武力镇压罢工。吴佩孚下令调集军队对罢工工人进行血腥屠杀。

1923 年 2 月 7 日,农历腊月二十三,正是过小年的时候,反动军警在京汉路沿线的江岸、长辛店、郑州等主

江岸京汉铁路工会会员证:劳工圣神

要站区，同时开始了对罢工工人的屠杀。全路工人先后被惨杀52人，伤300余人，被捕工会骨干60余人，开除或被迫外逃1000多人，造成震惊中外的二七惨案。共产党员、罢工领导人林祥谦、施洋惨遭杀害。

京汉铁路大罢工虽然失败了，但它进一步唤醒了中国人民，激发了他们与帝国主义和军阀斗争的意志，标志着中国工人运动由以改良生活为目的的经济

林祥谦（1892—1923）

施洋（1889—1923）

斗争开始转向以争取自由为目的的政治斗争；特别重要的是，它为年轻的中国共产党提供了血的教训：要推翻强大的帝国主义和封建军阀，仅靠工人阶级的孤军奋战是远远不够的，必须结成广泛的革命统一战线。正是在这一认识的基础上，我们党实现了与国民党的第一次合作，掀起了大革命的高潮。

（六）深入农村搞"农运"，农民有了主心骨

在城市工人运动风起云涌之时，中国共产党人也开始深入农村。贫苦农民占中国人口的大多数，忠诚为民必须解决好农民的切身利益问题，这是中国革命的主力军，是党在工作部署上不可忽视的重要方面。

党领导的新型农民运动在浙江萧山、广东海陆丰等部分地区逐步兴起，出现了前所未有的崭新局面。

浙江萧山衙前农民协会遗址——衙前东岳庙

1921年下半年，浙江萧山县（今萧山区）先后建立了几十个农民协会，掀起了声势浩大的减租抗租斗争。萧山农民运动最早始于衙前镇，发起人是早期共产党员沈玄庐和贫苦农民李成虎。沈玄庐是萧山衙前人，沈家父祖辈都是萧山有名的地主，家产甚丰，在衙前一带拥有大量的土地和房屋。沈玄庐入党后，站在农民一边，以极大的革命热情，以衙前为中心，展开发动农民、组织农民的工作。

经过一系列酝酿和准备工作，1921年9月27日，衙前农民大会在衙前镇东岳庙前召开，宣告衙前农民协会正式成立。衙前农民的创举，迅速传遍了附近的农村。

1921年冬，绍兴、曹娥等县方圆三百里的几十个村庄纷纷行动起来，以衙前农民协会为榜样，先后建立了80个农民协会。农民协会成立的当年，抗税抗捐、减租减息的斗争就轰轰烈烈地开展起来。1921年秋收以后，衙前农民协会组织本村会员，并联络附近贫苦农民，开展抗捐减租活动，召开了有一千多人参加的示威大会，提出了"减租四折"的要求，即从原来的按八折收租改为按四折收租。农民们对此拍手叫好，奔走相告，地主们则又气又怕，迟迟不敢下乡收租。减租斗争的初步成果，横扫了地主的威风，大长了农民的志气，农民斗争的热情更高了。

萧山农民运动震撼了江南地区，在社会上引起了强烈的

《红潮——彭湃同志在海陆丰》 郑林华、赵淑钦 绘

反响。萧山的地主、乡绅、官吏勾结在一起,上告到浙江省当局,浙江省省长下令,以"煽惑顽佃,聚众抗租"为罪名,取缔农民协会,并严令缉捕首要人物。

1921年12月中旬,萧山的官吏地主勾结绍兴戒严司令盛开第,串通反动军队共同镇压农民协会,杀害了农会负责人李成虎。

党领导农民运动的第一次实践,虽然在反动当局武力镇压下失败了,但它揭开了新型农民运动的序幕。

继萧山农民运动之后,被毛泽东誉为"中国农民运动大王"的彭湃,在党的初创时期,在广东海陆丰地区领导农民运动,搞得有声有色,范围最广,影响最大。

1922年6月,彭湃来到自己的家乡海丰县赤山约(约,是当时广东农村的行政单位,相当于后来的镇),成立了赤山约第一个秘密农会"六人农会"。一个月以后,赤山约农会会员发展到三十多人。农会成立后,积极团结和引导农民向地主等乡村封建势力展开斗争。之后,彭湃又辗转奔波于海丰县的乡村,11月中旬,又成立了守望约农会。此时,赤山、守望两地的农会会员已达三千五百人。有了这两个农会做榜样,各地争先恐后成立农会,农民运动在海丰得到迅猛发展。海丰总农会成立后,彭湃又先后到陆丰、惠阳两县从事农民运动。到 1923 年 5 月，海丰、陆丰、惠阳三县共有 70 多个约、500 多个乡建立了农会，会员达到二十多万人。

这些新型农民运动的伟大实践虽然大多遭受挫折，但为后来更大规模的农民运动埋下了火种，提供了经验，对大革命乃至土地革命战争时期农民运动的蓬勃发展起到了先行示范作用。

农民运动讲习所是大革命时期国共两党合作创办的培养农民运动骨干的学校。

从 1924 年 7 月至 1926 年 9 月，在广州举办了一至六届农民运动讲习所。北伐军占领武汉后，1927 年 3 月至 6 月，在武昌举办了中央农民运动讲习所。在这一时期，其他许多地方如广西、湖南、福建等也举办了农民运动讲习所或农民运动讲习班。农民运动讲习所名义上是由国民党中央农民部或各地方党部农民部主办，实际上是共产党人负责，起着主导和核心作用。如广州农民运动讲习所一至六届主任、所长均由共产党人担任，武汉中央农民运动讲习所主要由毛泽东主持实际工作，农讲所教员大多由共产党人担任。仅广州农民运动讲习所一至六期和武汉中央农民运动讲习所，就培养了 1600 多名学员，有力地促进了全国农运的发展。

《毛泽东同志在农民运动讲习所》 杨之光 绘

第三章
立党为公、忠诚为民的奉献精神

结语

中国共产党领导全国各族人民展开的革命斗争，正是沿着石库门和红船开辟的航道，不畏艰险，奋勇前进，取得了民族独立、人民解放的历史性胜利。

中国共产党人不忘初心，牢记使命，继承红船启航时铸就形成的首创精神、奋斗精神、奉献精神，在中国特色社会主义新时代续写新的篇章。

进入新时代，踏上新征程。中国共产党的百年长征，就是一场历史接力赛，一代接一代连续奋斗，一代接一代血脉传承，把民族复兴的伟业推向前进。

时至今日，红色接力棒传到了新时代革命者手中，他们沿着前辈的足迹，继承着先烈的精气神，在红船精神的培育和感召下，涌现出了一大批新时代优秀的共产党员。

他们中有以杨利伟为代表的"航天英雄"，随神舟五号飞船首次进入太空，也是中国第一位进入太空的人；有在大庆油田从事地质开发研究工作近40年的王启民，敢于开发试验,勇于科研攻关,为祖国原油5000万吨以上高产稳产21年做出了杰出贡献;有北京军区某给水工程团团长李国安,他自1990年任团长以来,带领全团官兵,穿戈壁、走沙漠,行程几十万公里,为边疆军民打水井1100多眼,化验引水点9000多个,创造了水利工作的奇迹,为国防建设和当地经济建设做出了突出贡献。

他们中有被誉为"新时期领导干部楷模"的孔繁森,生前在雪域高原奋斗了10个春秋,为西藏经济发展、民族团结和人民生活的改善,殚精竭虑、呕心沥血、忘我工作,直至献出宝贵的生命;有被授予"共和国勋章"的钟南山,2003年,他以67岁的年龄,成为中国抗"非典"的领军人物,17年后的2020年,他又以84岁的高龄临危受命,担任"新冠肺炎科研攻关专家组组长""国家卫健委高级别专家组组长",再次把自己送到疫情的重灾区武汉,战斗在"抗疫"第一线。

这些为国家开拓,为民族奋斗,为人民奉献的优秀共产党员的事例，举不胜举，他们如满天朝霞，光耀四方，是红船精神在新时代的实际体现和生动写照。新时代的众多优秀党员，在以习近平总书记为核心的党中央坚强领导下，以新的姿态，新的风范，开拓着建设社会主义现代化强国的宏伟征途，激励着亿万人民乘新时代的浩荡东风，为全面建设社会主义现代化国家，实现中华民族伟大复兴的中国梦而奋勇前行！